Talleres y Actividades para el culto infantil

 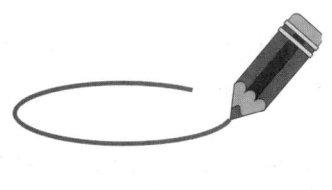 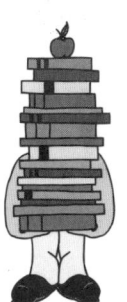

Nancy Buceta de Gauna

Editorial Mundo Hispano

Editorial Mundo Hispano
Apartado 4256, El Paso, Texas 79914, EE. UU. de A.

www.editorialmh.org

Talleres y actividades para el culto infantil. © Copyright 2002, Editorial Mundo Hispano. 7000 Alabama St., El Paso, Texas 79904, Estados Unidos de América. Todos los derechos reservados. Prohibida su reproducción o transmisión total o parcial, por cualquier medio, sin el permiso escrito de los publicadores.

Las citas bíblicas han sido tomadas de la Santa Biblia: Versión Reina-Valera.
© Copyright 1960, Editorial Mundo Hispano. Usada con permiso.

Editora: Alicia Zorzoli
Diseño de la portada: Cecilia Gonzales

Primera edición: 2002
Segunda edición: 2006

Clasificación Decimal Dewey: 268.43
Tema: Educación cristiana, escolares

ISBN: 0-311-46204-9
EMH Núm. 46204

1 M 6 06

Impreso en Colombia
Printed in Colombia

Contenido

Introducción

1. ¿Qué es un taller? 7
Ventajas de los talleres
¿Cómo se organizan los talleres?
Tipos de talleres
Opciones para los más chiquitos

2. Planificación de la tarea 11
Cómo planificar
Redes conceptuales
Objetivos generales
Los talleres y el culto infantil

3. Modelos de redes y su desarrollo en cada taller 15
Red Nº 1: Las misiones
Red Nº 2: La televisión en la época de Jesús
Red Nº 3: Ciber red "hasta lo último de la tierra"
Red Nº 4: Los superhéroes de la Biblia
Red Nº 5: Fiesta de Navidad

4. Modelos de juegos didácticos para los talleres 31
Rompecabezas
Correspondencias
Caminar por las líneas
Dominó del Arca de Noé
Laberinto de preguntas

Carta a una maestra 63

Introducción

Desde niña tuve la oportunidad de asistir a la Escuela Dominical y ser formada en el conocimiento de Dios por mis padres y maestros. Puedo decir que el fundamento de mi vida cristiana fue puesto allí.

Al ver a los niños de hoy, los futuros hombres y mujeres del tercer milenio, y pensar en nuestra responsabilidad como adultos de transmitirles lo que hemos aprendido, vi la necesidad de buscar nuevos métodos de trabajo que satisfagan las necesidades del niño como tal y que, a su vez, los formen con principios cristianos para su vida. Los talleres cumplen estos requisitos. Son el espacio y tiempo más apropiados para el aprendizaje creador, participativo, integrador y, sobre todo, duradero.

El presente trabajo va dirigido a padres y maestros de niños. Los padres encontrarán ideas prácticas para estudiar la Biblia con sus hijos a través del juego; los maestros descubrirán un nuevo enfoque para la enseñanza efectiva con un fundamento teórico y con el correspondiente desarrollo de las actividades.

El desafío ya está planteado, así que ahora, manos a la obra.

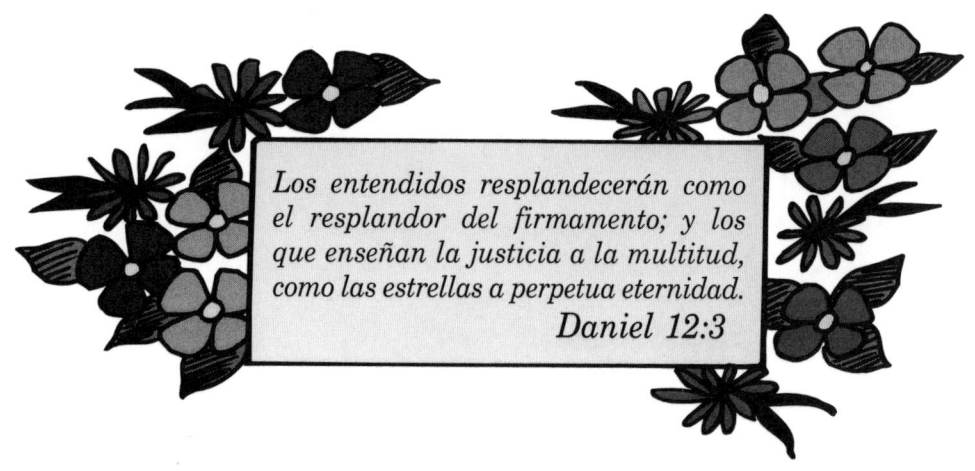

Los entendidos resplandecerán como el resplandor del firmamento; y los que enseñan la justicia a la multitud, como las estrellas a perpetua eternidad.
Daniel 12:3

Capítulo 1
¿Qué es un taller?

La palabra "taller" deriva del vocablo de origen francés, *atelier*. Su significado abarca varios aspectos. Por un lado, alude al espacio físico donde se reúnen los alumnos con su maestro. Por otro lado, se refiere al trabajo que allí realizan; el obrar, tanto científico como artístico y laboral.

Ventajas de los talleres

Como propuesta educativa, el taller reúne condiciones óptimas para el aprendizaje. Es el lugar para la vivencia, la creatividad, el juego, la reflexión, el trabajo individual y grupal, el intercambio, la búsqueda de información en el momento oportuno.

Es interesante pensar que Jesús trabajó en el taller de carpintería de su padre, donde probablemente compartió mucho tiempo con él y seguramente tuvo la oportunidad de formarse como ser humano (aunque sabemos que él era Dios). Probablemente en ese "taller" se estaban asentando las bases para su futuro ministerio público.

La propuesta del trabajo en talleres no es nueva, pero a través de los tiempos fue adquiriendo distintas modalidades y adaptándose a las necesidades. Hoy esta metodología educativa se está implementando en la gran mayoría de las escuelas públicas y privadas, en todos los niveles.

Es verdad que los niños aprenden por lo que ven y por lo que escuchan, pero está ampliamente demostrado que aprenden sobre todo por lo que hacen. El "hacer" implica pensar, interactuar con otros, ampliar sus conceptos buscando más información, producir, participar, etc. Pero lo más importante en el caso del niño es que lo hace jugando.

La pedagogía reconoce y aprecia el valor del juego en el niño como una oportunidad para el aprendizaje. El juego permite descubrir y afianzar conceptos, conocer al niño (ya que en el juego se muestra tal como es), integrarlo al grupo, conocer sus potencialidades, estimular el aprendizaje a través del contacto con distintas situaciones, provocar la formación de normas de convivencia, etc.

> *El taller es el ámbito más apropiado para el aprendizaje creador, participativo, integrador y, sobre todo, para el aprendizaje duradero.*

El taller es el ámbito más apropiado para el aprendizaje creador, participativo, integrador y, sobre todo, para el aprendizaje duradero. Lo que los chicos escuchan o ven pueden olvidarlo; pero lo que hacen, poniendo en ello todos sus sentidos y capacidades, es raro que lo olviden. El aprendizaje es un proceso activo. Por eso los niños necesitan vivenciar, preguntar, intercambiar con otros distintos puntos de vista, explorar y participar activamente.

Si la experiencia didáctica y los resultados nos muestran que el taller es el espacio y tiempo apropiados para el aprendizaje, ¿por qué no llevarlo a la práctica en la enseñanza bíblica? ¿Por qué no canalizar en el juego todo el conocimiento bíblico, las virtudes cristianas, la vida de oración y demás principios que queremos que nuestros niños reciban?

Es un gran desafío. No es tarea fácil, pero vale la pena el esfuerzo.

El Señor nos dice en su Palabra: "Instruye al niño en su camino; y aun cuando sea viejo, no se apartará de él" (Prov. 22:6). Cuanto más significativa sea para el niño la instrucción que le demos hoy, menos querrá apartarse de ella mañana, y más trascendente será para toda su vida.

¿Cómo se organizan los talleres?

Cada taller contará con uno o más maestros o coordinadores. Convendría no superar el número de 15 a 20 niños por taller.

Considerando que en el taller los niños se agrupan por intereses comunes, podrán integrarlo (si así lo desean) alumnos de diferentes edades. El maestro deberá organizar y distribuir las tareas de manera que todos puedan participar dentro de un marco de respeto mutuo, cooperación y libertad, descubriendo y desarrollando las potencialidades individuales y fomentando a su vez los buenos hábitos de convivencia.

En cuanto a la distribución del espacio físico existen dos posibilidades:
- Talleres simultáneos ocupando un aula por cada taller.
- Talleres simultáneos dentro de una misma aula.

El ambiente físico deberá ofrecer materiales que despierten la curiosidad del niño, y que estimulen su deseo de investigar, resolver, crear y expresarse libremente.

El tiempo deberá ser distribuido de acuerdo con las características y necesidades del grupo, pero cada actividad deberá contar con un tiempo para la acción y un tiempo para la reflexión, en el orden y la duración que se crean convenientes.

Tipos de talleres

1. Taller de teatro

En este taller los niños tendrán la posibilidad de desempeñar diferentes roles, dramatizando relatos bíblicos o situaciones cotidianas. Deberán contar con distintos disfraces y elementos simples de ornamentación. Los diálogos podrán ser improvisados por los niños, sin tener que memorizar ningún libreto. Para ello deberán conocer el relato bíblico y las características de cada personaje. Otras variantes pueden ser el teatro de sombras, de títeres, teatro negro, etc.

2. Taller de plástica

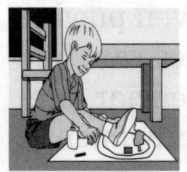

En esta área los niños contarán con distintos materiales para dibujar, modelar y pintar, aplicando diferentes técnicas. Además de ilustrar escenas bíblicas, podrán hacer maquetas, mapas, crear historietas con distintos personajes, etc.

3. Taller de periodismo

Este es un taller que apunta a los niños más grandecitos. Individual o grupalmente realizarán reportajes, recopilarán noticias de interés, elaborarán un periódico o boletín, o un programa de radio, etc.

4. Taller de juegos

A través del juego los niños resolverán situaciones, recordarán textos, personajes y relatos bíblicos afianzando lo aprendido y buscando aquellas respuestas que no pudieron resolver. Los juegos deberán estar clasificados y distribuidos entre los niños de manera que a los participantes no les resulten demasiado fáciles (pues perderían interés) ni demasiado difíciles (pues se desalentarían).

5. Otros talleres

Además de los ya mencionados, y dependiendo de las circunstancias y de los intereses de los niños, se pueden crear el taller literario, de construcciones, de ciencias, de música, de informática, etc.

Opciones para los más chiquitos

La maestra deberá tener total libertad de trabajo, adaptándose a las características del grupo.

Puede optar por:

- Integrar a los talleres a los niños más grandes de su grupo y seguir con el resto trabajando en la sala los mismos temas del taller u otros, según su criterio.
- Organizar talleres dentro de la sala; por ejemplo, de "juegos y construcciones", "plástica", "títeres", "dramatización", etc. Para esto se contará con rincones equipados para tal fin. Se pueden tener rompecabezas en una repisa; por ejemplo, del arca de Noé, de la creación, etc. También se pueden hacer pares de figuras idénticas; por ejemplo, los animales del arca. Con bloques de madera se pueden hacer construcciones; por ejemplo, "la casa donde vivían Marta y María" o "el palacio del rey David".

Es importante que en cada taller se tenga un objetivo claro para orientar el trabajo de los chicos y que el taller sea productivo. En cuanto a la organización del tiempo puede optarse por una primera parte en conjunto trabajando con la maestra, y otra eligiendo un taller para trabajar.

Conviene no abrir todos los talleres sino dos o tres que puedan relacionarse con el tema del día.

Capítulo 2

Planificación de la tarea

Cómo planificar

Existen diversas formas de planificar el proceso de enseñanza-aprendizaje; algunas de ellas son rígidas y estructuradas, otras más flexibles y abiertas a las propuestas. Cualquiera que sea la forma que se elija para organizar la tarea, hay ciertos elementos de la planificación que no deben faltar.

1. Tener objetivos claros

Para plantear los objetivos el maestro podrá preguntarse: ¿Qué quiero que los niños logren? Existen diversas formas de clasificar los objetivos. La más sencilla es la siguiente: a. Objetivos generales y b. Objetivos específicos.

- **a. Objetivos generales:** son más globales, generalmente se cumplen a mediano o a largo plazo.
- **b. Objetivos específicos:** enuncian logros definidos, generalmente se cumplen a corto plazo.

Ejemplo: si tomamos como ejemplo la parábola del buen samaritano, podemos definir los siguientes objetivos:
Que el niño logre
- Conocer la parábola del buen samaritano.
- Evaluar las diferentes actitudes de los personajes.
- Identificar quién es su prójimo en situaciones cotidianas.
- Aplicar en situaciones de clase y en su vida diaria la enseñanza de la parábola.

2. Establecer los contenidos bíblicos

El término "contenido" alude a los temas que se abordarán en clase. Pueden ser historias completas o diferentes temas; por ejemplo, "la oración", "las misiones", etc.

3. Proponer actividades en concordancia con los objetivos planteados

Las actividades deben ser variadas, atractivas y participativas. La pregunta será en este caso: ¿Qué podemos hacer para lograr ese objetivo? Siguiendo con el ejemplo del buen samaritano, una actividad puede ser dramatizar el relato; de esta manera los niños podrán vivenciar la historia sintiendo, pensando y actuando como lo hizo cada personaje.

La didáctica actual considera al niño como un ser pensante, capaz de proponer, investigar, crear y descubrir en la medida en que el medio se lo permita.

Para favorecer el aprendizaje desde esta visión el maestro deberá conocer al niño, su historia familiar, sus intereses, necesidades, potencialidades y limitaciones.

La planificación deberá atender las individualidades y orientarse, a su vez, hacia el crecimiento espiritual del niño "en sabiduría y en gracia para con Dios y los hombres", siguiendo el ejemplo de Jesús.

Redes conceptuales

Siendo los talleres el ámbito más propicio para el aprendizaje, una forma de planificarlos abarcando todos los aspectos ya mencionados es a través de las redes.

La red conceptual es la planificación mensual o bimestral que permite organizar el proceso de enseñanza-aprendizaje en forma más elástica, permitiendo la participación de los niños al tener en cuenta sus propuestas e intereses.

La red contiene un "disparador" que es la actividad o el planteo generador del tema. El disparador debe ser motivador. Puede ser un paseo, una película, un juego, etc. De allí surgirán propuestas que el maestro deberá atender para responder a las necesidades de los niños.

Las propuestas pueden anotarse y así establecer un plan entre todos. Luego el maestro canalizará esas inquietudes llevándolas a cumplir los objetivos y contenidos bíblicos que quiera trabajar.

De esta manera los niños estarán realizando actividades de interés para ellos mientras estudian las Escrituras.

En el próximo capítulo se proponen algunos ejemplos de redes y su desarrollo en cada taller.

Objetivos generales

Los siguientes son algunos de los objetivos generales que se perseguirán en todos los talleres.

- Recibir a Jesús como Salvador.
- Estudiar la Biblia en una forma creativa y participativa.
- Organizar el conocimiento bíblico con un sentido práctico para la vida.
- Afianzar conocimientos a través del juego.
- Descubrir modelos de vida en los personajes bíblicos, reconociendo sus virtudes para imitar y sus defectos para evitar.
- Enfrentar y resolver distintas situaciones de clase.
- Investigar distintos temas mediante diversos recursos.
- Interactuar con sus pares.
- Ayudar al niño a descubrir sus potencialidades estimulando su capacidad creadora.
- Integrar al niño al grupo.
- Desarrollar normas de convivencia.
- Descubrir en la Biblia un libro maravilloso al cual conviene obedecer y amar.

La planificación deberá atender las individualidades, y orientarse a su vez hacia el crecimiento espiritual del niño "en sabiduría y en gracia para con Dios y los hombres", siguiendo el ejemplo de Jesús.

Los talleres y el culto infantil

En la actualidad, respondiendo a diversas necesidades y especialmente en congregaciones con una población infantil numerosa, ha surgido una nueva actividad que, por su modalidad, bien podría organizarse siguiendo la propuesta de los talleres. Se trata del "culto infantil".

El programa llevado a cabo en el culto infantil adopta distintas formas en cada congregación, pero básicamente existen ciertas características que se presentan siempre, las cuales deberán ser tenidas en cuenta a la hora de planificar y desarrollar los temas.

Al culto infantil asisten los niños que van regularmente a la iglesia con su familia, como también aquellos que llegan por primera vez (y quizás, por única vez). En virtud de esta característica habrá dos aspectos principales que el maestro deberá atender para asegurarse de que cada niño se lleve una enseñanza de la clase:

1. Se deberán tener claramente definidos uno o más objetivos específicos para ese día (que a su vez contribuirán a lograr el proyecto general). Pero por sobre todos los demás, el objetivo que siempre estará presente es la evangelización del niño. Durante el taller pueden presentarse infinidad de oportunidades que el maestro, guiado por el Espíritu Santo, sabrá aprovechar.

2. Deberá administrarse muy sabiamente el tiempo, logrando un equilibrio entre el momento de acción, es decir, de la actividad lúdica propiamente dicha, y el momento de reflexión o puesta en común. Para este último, los niños se sentarán en círculo junto al maestro, se presentará a los que vinieron por primera vez, y se les contará sobre el proyecto que están realizando o que van a comenzar, invitándolos a participar del mismo. Ese será además el momento de orar, de intercambiar ideas, de dialogar, de reflexionar sobre lo que hicieron y extraer enseñanzas aplicables a sus vidas. Otro detalle a tener en cuenta en cuanto a la administración del tiempo es que no se debe realizar bruscamente el corte de una actividad, sino que es importante darles un tiempo para que cierren la tarea, diciéndoles, por ejemplo, "vayan terminando el trabajo para venir a la ronda" o "nos quedan cinco minutos para terminar".

Unidad, continuidad, entusiasmo y compromiso, serán elementos necesarios que cada maestro capacitado por Dios aportará a fin de alcanzar las metas.

Otra sugerencia es que si el culto infantil está orientado hacia los niños más pequeños solamente, los proyectos deberán ser cortos y sencillos. Si el grupo no es numeroso, los talleres funcionarán dentro de la misma sala, a modo de "rincones".

Otra característica del culto infantil que será necesario tener presente es que, por lo general, los maestros van rotando por turnos. En ese caso deberán tener muy buena disposición para trabajar en equipo, cada uno contribuyendo al proyecto general del grupo y, a su vez, sabiendo lo que hicieron los niños con los otros maestros en las clases anteriores y cumpliendo los objetivos específicos para ese día.

La clave para el trabajo en equipo es la comunicación. Si los maestros tienen una relación estrecha, fluida, conociéndose mutuamente para complementarse, el hecho de

que tengan que rotar no será un impedimento para que el aprendizaje de los niños llegu
a buen puerto.

Los niños deben identificarse con su maestro, pero en este caso se identificarán con u
"equipo de maestros" que trabaja en forma armoniosa llevando a cabo el mismo proyecto

Unidad, continuidad, entusiasmo y compromiso serán elementos necesarios que cada
maestro capacitado por Dios aportará a fin de alcanzar las metas.

Capítulo 3

Modelos de redes y su desarrollo en cada taller

RED Nº 1
LAS MISIONES

Propuestas de los chicos
- Queremos conocer misioneros de otros países.
- Escribimos cartas, mandamos fotos, juntamos una ofrenda y la enviamos.
- Averiguamos fechas de cumpleaños para mandarles tarjetas o mensajes electrónicos.

Disparador
Queremos jugar a que somos misioneros.

Propuestas del maestro
- Conocer más de cerca la vida de un misionero, sus necesidades, su propósito, etc.
- Estudiar los viajes de Pablo.

Talleres

Periodismo
- Reportaje a una familia misionera.
- Enviar cartas o mensajes electrónicos a misioneros de otras partes.
- Elaborar un periódico o boletín.

Teatro
- Dramatizar relatos
- Actividad con títeres (opcional).

Plástica
- Maqueta de los viajes de Pablo.
- Tarjetas para enviar por correo.
- Recurso evangelístico (opcional).

Actividad final:
Actividad evangelística organizada por los chicos o retiro de un día en el que jugarán a estar en una misión (un grupo estará formado por los misioneros y otro por los que no conocen a Jesús). Puede ser una tribu o cualquier grupo étnico elegido por ellos.
Objetivo principal: aprender a compartir el evangelio con otros chicos.

Desarrollo de la Red N° 1:
LAS MISIONES

Desarrollo

- Conversar con los chicos acerca de la orden de Jesús de ir por todo el mundo y predicar el evangelio.

- Memorizar Mateo 28:18. Hablar acerca de los misioneros, aquellas personas que, siguiendo el mandato de Jesús, decidieron dejar su país, su casa, su familia, sus costumbres, para ir a otros lugares a compartir el evangelio.

- Trabajar con los chicos acerca de la vida y los viajes misioneros del apóstol Pablo. Podría iniciarse la actividad diciendo: "Hoy vamos a jugar a que nos visita un misionero de la Biblia". Algún papá o un maestro podría disfrazarse de Pablo y venir a contarles a los chicos su testimonio de cómo era su vida antes de conocer a Jesús, cómo fue su encuentro con Jesús y qué pasó después en su vida. Posteriormente la maestra puede organizar con los chicos preguntas para hacerle, que les cuente sobre sus viajes, las principales anécdotas, etc.

- También pueden prepararse mapas para los niños más grandes, donde puedan ubicar los lugares visitados por Pablo.

- Los más pequeños pueden jugar a los barquitos para dramatizar los viajes misioneros. Para ello tendrán cajas grandes donde puedan entrar a jugar mientras la maestra les narra brevemente el relato y ellos lo dramatizan. Por ejemplo: "Vamos a empezar nuestro primer viaje. Iremos a Chipre. ¡Qué viaje tan largo...! Por fin llegamos. Vamos a hablarle a la gente de Jesús". (Se bajan.) Pueden acercarse a los otros niños, decirle a cada uno: "Jesús te ama" y entregarles una figura semejante a la siguiente:

Luego vuelven a subir al barco para continuar el viaje. Durante esta actividad se pueden mencionar algunos detalles de los viajes o anécdotas de la vida de Pablo; por ejemplo, lo ocurrido en la isla de Malta, con los nativos preparando el fuego para que se calienten y el incidente de la víbora, que provocó la atención de todos y creyeron que Pablo era un dios, como también la sanidad de muchos enfermos en la isla, lo cual redundó en el progreso del evangelio.

De esta manera se pueden tomar dos o tres clases para trabajar la historia bíblica adecuándola a las edades de los niños, para luego pasar a los talleres.

Talleres

1. Taller de periodismo

• Planear con los niños la elaboración de un periódico o boletín misionero que será distribuido por ellos mismos. A fin de conocer más sobre las misiones en la actualidad y saber cómo vive una familia misionera, se puede proponer a los niños más grandecitos entrevistar a algún matrimonio de misioneros para luego escribir la nota en el periódico. Las preguntas deben ser preparadas previamente en el taller.

• Otra actividad del taller será buscar información en otras fuentes (revistas, libros actualizados o Internet) sobre las misiones a nivel mundial. En un mapa pueden ubicar los países evangelizados y los no alcanzados, como también la ventana 10/40, para tenerlo como motivo especial de oración. Todo el material seleccionado servirá para el periódico. También pueden escribir anécdotas, poesías, etc. (Por supuesto, no deben olvidarse de ponerle un nombre al periódico.)

2. Taller de teatro

• Los niños deberán dramatizar la vida de Pablo, eligiendo los momentos que más les llamaron la atención. Pueden dividirse en tres grupos: uno preparará la vida de Pablo hasta su conversión, otro el primero y segundo viaje, y otro el tercer viaje hasta la última detención.

• Otra opción es preparar una obra de títeres para representarla ante los niños más pequeños. Los diálogos deberán ser sencillos y breves. Los títeres pueden confeccionarse con papel maché, con tela o con bolsas de papel. Para esto se puede pedir colaboración a las mamás o trabajar en conjunto con el taller de plástica.

3. Taller de plástica

• Realizar una maqueta de los viajes de Pablo, ubicando los lugares visitados, las iglesias que fundó, etc.

Se pueden utilizar diversos materiales (cajas, palitos de helado, plastilina, etc.). Si son muchos niños, conviene que hagan una maqueta por grupo. Cada maqueta tendrá, a modo de cartel, un texto lema elegido por los niños, que sea representativo para la vida de Pablo (y significativo para ellos). Finalizados los trabajos realizarán una exposición de los mismos explicando a los visitantes lo que hicieron. (Esto los ayudará a fijar lo que aprendieron.)

• Otra actividad para este taller es preparar tarjetas para enviar por correo a misioneros de distintos lugares en ocasiones especiales (Navidad, aniversarios, cumpleaños, etc.). Es importante hablar con los niños acerca de la soledad que muchas veces sienten quienes están lejos de sus seres queridos, y de lo que la Biblia dice en Mateo 19:29: "Y todo aquel que deja casas, o hermanos, o hermanas, o padre, o madre, o mujer, o hijos, o campos por causa de mi nombre, recibirá cien veces más y heredará la vida eterna".

En muchas oportunidades Dios usa a personas para cumplir este propósito. De ahí que lo poco que podamos hacer para estar cerca de los siervos de Dios que están lejos y para animarlos, sea de mucho valor.

mucho o poco que podamos hacer para estar cerca de los siervos de Dios que están lejos, y para animarlos, sea de mucho valor.

Actividad final

Vamos a jugar a que somos misioneros. Para esto se realizará un retiro de un día o campamento. El objetivo principal será aprender a compartir el evangelio con otros niños. Sería conveniente que los niños pudieran contar con algún recurso evangelístico, de confección sencilla, que los ayude a presentar a Jesús a otro niño en cualquier oportunidad. Lo importante es que incluya los siguiente pasos:

1. Dios me ama
2. Soy pecador
3. Jesús murió por mí
4. Debo recibirlo personalmente

Puede prepararse, por ejemplo, un dibujo que represente cada paso, o representarlo con un color o cualquier otro elemento que se proponga.

En el campamento se les enseñará a usar ese recurso y deberán practicar unos con otros. Para ello se organizará un juego dramático en el que un grupo representará a los misioneros y otro a cualquier tribu o grupo étnico que hayan elegido. Por ejemplo, si se trata de una misión en la selva amazónica, o en África, unos se vestirán de aborígenes, tendrán sus chozas (que pueden ser carpas), y los misioneros deberán mostrarse amigables con ellos hasta ganar su confianza para luego evangelizarlos, practicando así lo que aprendieron.

De esta manera, finalizado el campamento cada niño tendrá el desafío de "ser un misionero" en su casa, en el barrio o en la escuela.

RED N° 2

LA TELEVISIÓN EN LA ÉPOCA DE JESÚS

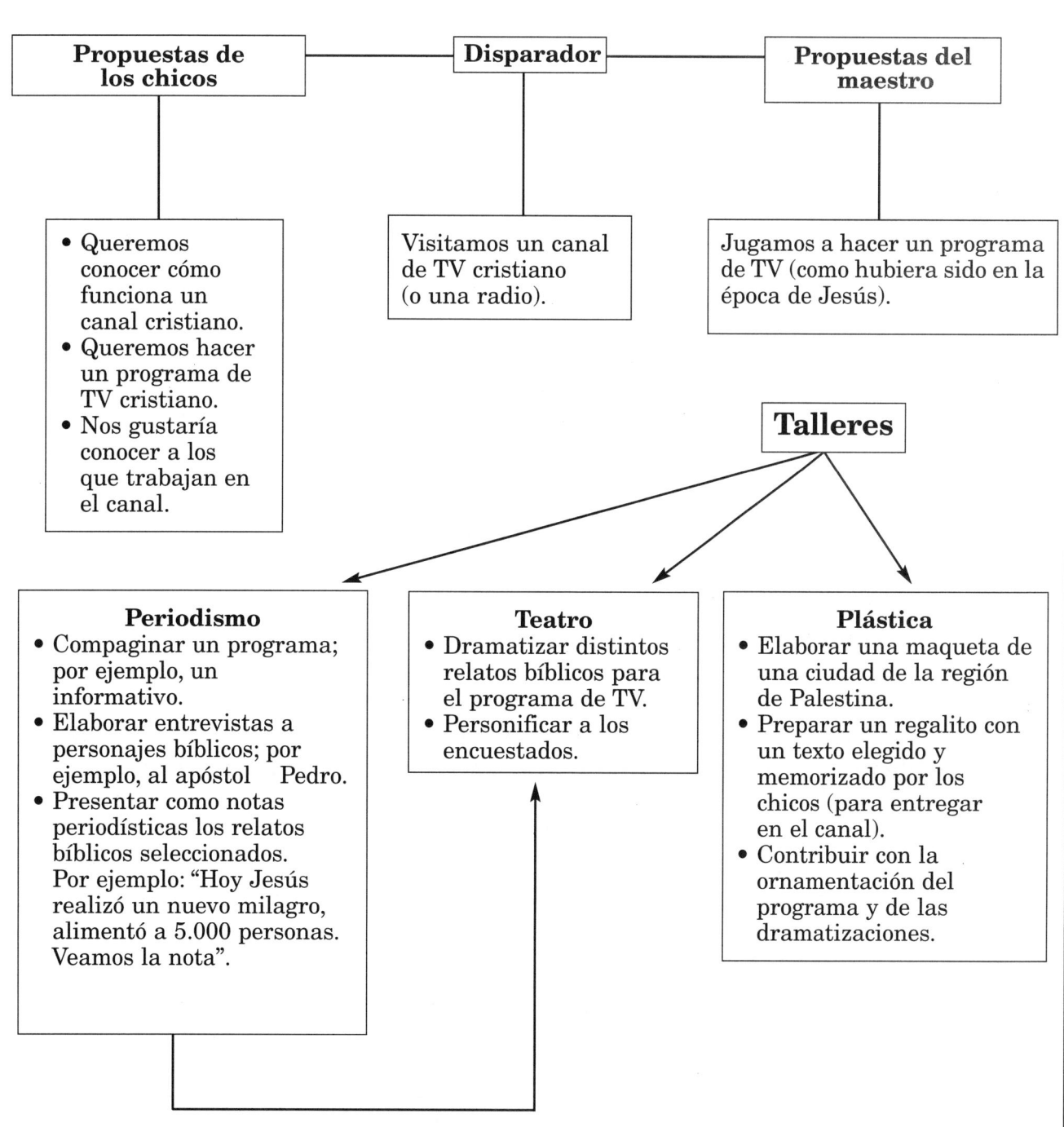

NOTA: la misma propuesta puede realizarse en función de una radio cristiana.

Desarrollo de la Red N° 2:
LA TELEVISIÓN EN LA ÉPOCA DE JESÚS

Desarrollo

- Concretar el viaje al canal. De no ser posible se puede optar por grabar parte del programa y verlo con los niños en la clase.

- Planificar junto con los niños. Escuchar y anotar sus propuestas. Elegir los talleres.

- Trabajar con los niños los relatos seleccionados (2 o 3). Extraer características de los personajes, identificando ejemplos para seguir, pecados que evitar y enseñanzas para aplicar. Elegir los talleres.

Talleres

1. Taller de teatro
- Una vez trabajado el relato bíblico con la maestra, elegir personajes y organizar las dra-matizaciones con los niños. Filmarlas a medida que se van realizando.

2. Taller de periodismo
- ¿Qué te gustaría preguntarle al director del canal? Cada uno preparará una pregunta. Luego deberán leerlas para todo el grupo y seleccionarlas. (La encuesta la realizarán el día que hagan la visita al canal.) A fin de realizar un programa de TV ambientado en la época de Jesús, los niños junto con el maestro elegirán dos o tres personajes bíblicos a los que deberán entrevistar (en concordancia con el taller de teatro). A fin de poder caracterizarlos deberán repasar lo que aprendieron sobre los mismos y profundizar aún más si es necesario. La consigna será: ¿Qué le preguntarías a Pedro? ¿Qué le preguntarías a Juan?, etc. Pueden elaborar las entrevistas en grupo, a razón de un personaje por grupo. Para caracterizar a cada uno durante la entrevista se puede trabajar junto con el taller de teatro. Una vez ensayado, filmar.

- Preparar una presentación para el programa y presentar las noticias compaginando cada una con su dramatización correspondiente a modo de nota periodística

3. Taller de plástica
- Preparar el regalo para entregar en el canal, eligiendo ellos mismos el texto que llevará impreso.
- Realizar una maqueta de la región de Palestina. Ubicar Belén de Judea, Jerusalén, Samaria, el lago de Genesaret, el río Jordán, el mar Muerto y cada lugar que hayan mencionado en los relatos bíblicos. Con cajas pueden hacer las casitas y el templo; con plastilina, las montañas, ríos, etc. En esta actividad pueden participar tanto los niños

pequeños como los más grandecitos, repartiendo las tareas de acuerdo con la complejidad de las mismas. Pueden realizar una o más maquetas.

• Insertar el trabajo terminado como parte del vídeo, mencionando algunas características geográficas o étnicas de las zonas, o para señalar algún lugar en especial.

Actividad final

Ver el trabajo terminado y compaginado junto con el resto de la congregación.

Red N° 3 CIBER-RED:

"HASTA LO ÚLTIMO DE LA TIERRA"

Propuestas de los chicos

- Nos gustaría poder usar computadoras.
- Queremos comunicarnos por Internet con chicos de otros lugares.

Disparador

Navegamos por algunos sitios web cristianos.

- Tomamos nota acerca del diseño de las páginas.
- Buscamos programas que nos permitan diseñar nuestro sitio.

Propuestas del maestro

Diseñaremos una página web cristiana para niños.

Talleres

Computación.
- Diseño de la página web.
- Organización del material.

Periodismo
- Seleccionar materiales para su publicación.
- Redactar una predicación para niños.
- Contestar los correos electrónicos que se reciban.

Plástica
- Diseño de un logo para la página principal.
- Diseño de los dibujos para la predicación.

Juegos
- Crear juegos bíblicos que se puedan poner en la página (concursos de preguntas por *e-mail*, laberinto de preguntas, etc.).

Desarrollo de la Red Nº 3:
CIBER-RED
"HASTA LO ÚLTIMO DE LA TIERRA"

Desarrollo
- Realizar una visita guiada a un centro de computación con acceso a Internet.
- Recorrer algunos sitios cristianos para conocer cómo se puede llegar "hasta lo último de la tierra" por este medio y diseñar una página infantil.

Talleres

1. Taller de computación
Con la ayuda de personal idóneo, crearán una página web principal con un logo (hecho por los niños del Taller de plástica). Con la guía del maestro deberán anotar quiénes son, cuál es el propósito de la página y su menú con los respectivos enlaces, invitando a cada visitante a recorrerla, participar de sus juegos y concursos, y mandar su foto y dirección de correo electrónico.

> **Consejos útiles:**
> - *La página debe ser ágil.*
> - *Debe tener un menú sencillo desde dónde acceder a los diferentes sitios realizados.*
> - *Debe tenerse claro el público al cual va dirigida.*
> - *Si se colocan fotos, deben estar comprimidas en formato "jpg".*
> - *Luego de ser evaluada para detectar los posibles errores, se colocará en un "Servidor" (existen varios que son gratuitos, no ocasionándole gastos extra a la iglesia; por ejemplo http://webjump.com).*
> - *Ofrecemos también visitar la página ideada por la autora de este libro; en la misma se encontrarán varias alternativas útiles (http://iebcentro.webjump.com).*
> - *De ser necesario, podrán pedirse consejos vía e-mail dirigidos a: mgauna @rdigital.com.ar.*
> - *Por último, siempre es apropiada la ayuda de personal capacitado.*
> - *Y ahora, ¡a recorrer el ciberespacio!*

2. Taller de periodismo y redacción

Se deberán organizar en tres grupos para dividir las tareas. Grupo A: Evangelismo. Grupo B: Reportajes y noticias. Grupo C: Historias bíblicas.

Grupo A: Con la ayuda del maestro, se redactará una predicación clara y sencilla que deberá estar ilustrada. Esta tarea deberá hacerse con mucha cautela, con niños que demuestren el fruto de haber recibido a Cristo en su vida. Aconsejamos que se tengan en cuenta los cuatro pasos ya mencionados en la Red Nº 1 sobre la evangelización. Finalmente, conviene dejar un espacio abierto para que, si tienen dudas o si tomaron la decisión de recibir a Jesús, se comuniquen por correo electrónico o por carta. Sería de mucha bendición que a cada persona que se comunique se le envíe material adecuado para ayudarla en su crecimiento espiritual, juntamente con un cálido saludo y fotos de los chicos.

Un recurso ideal para el desarrollo espiritual de los niños es: *Ya conozco a Jesús, y ahora...*, publicado por la Editorial Mundo Hispano. Otro curso de discipulado para niños es *Sígueme para niños,* publicado por la Casa Bautista de Publicaciones.

Grupo B: Este grupo será el encargado de recopilar reportajes a misioneros, pastores y ministros en general. También escribirán noticias sobre las misiones, anunciarán campamentos, etc.

Grupo C: La tarea será seleccionar y redactar con palabras sencillas historias bíblicas, con títulos y dibujos atractivos. Todas deberán tener una aplicación práctica.

3. Taller de juegos

Partiendo de las historias bíblicas desarrolladas en el taller de redacción, diagramarán juegos bíblicos con distintos niveles de complejidad (ver ejemplos en el capítulo 4). También podrán desafiar a los visitantes de la página web a inscribirse en un concurso bíblico con preguntas que deberán resolver y enviar. (Quizás un premio podría ser una Biblia o una beca para un campamento cristiano de niños.)

4. Taller de plástica

En este taller tendrán la oportunidad de trabajar los niños pequeños y los que no son muy "seguidores de las máquinas". Deberán diseñar un logo para la página web, las ilustraciones de los relatos bíblicos (pueden ser caricaturescas) y las ilustraciones para la evangelización (representando los cuatro pasos ya mencionados).

5. Promoción de la página web

Para que muchos conozcan y accedan a la página web de los niños, se pueden hacer distintos tipos de publicidades (además de figurar en los buscadores). Por ejemplo, pintar camisetas con el logo y la dirección, repartir volantes o autoadhesivos con la publicidad, o llevar a cabo cualquier otra idea que propongan los maestros o los niños.

RED N° 4

LOS SUPERHÉROES DE LA BIBLIA

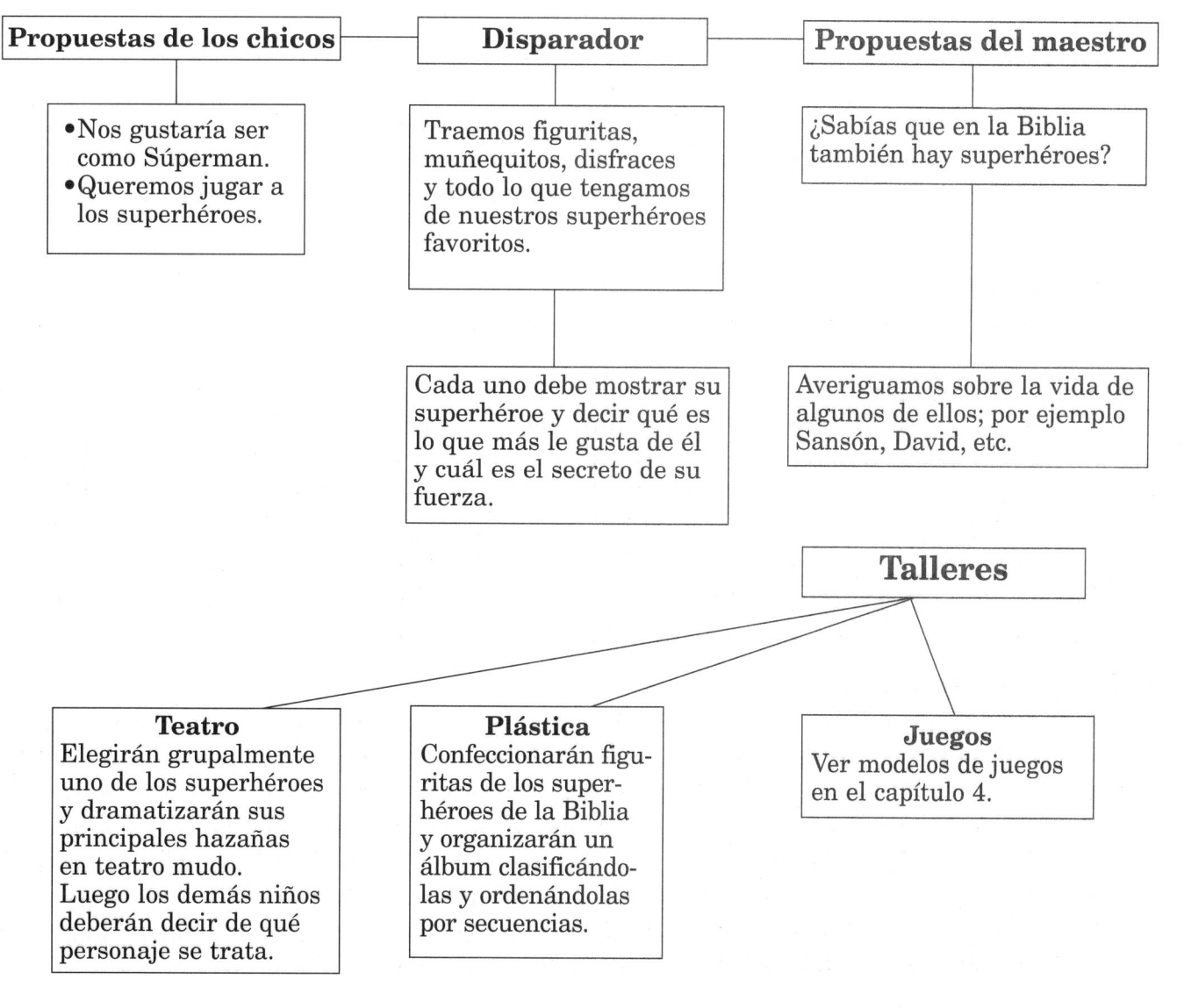

Desarrollo de la Red N° 4:

LOS SUPERHÉROES DE LA BIBLIA

Desarrollo

- Conversar con los niños acerca de sus personajes favoritos. Pedirles que traigan figuritas, muñecos o lo que tengan sobre ellos. Dejarlos que cuenten anécdotas, lo que más les gusta de ellos, etc. Plantearles que la Biblia también tiene historias de superhéroes. Mencionar brevemente el contenido de Hebreos 11 (la galería de los superhéroes de la fe).
- Trabajar con los niños en las clases sucesivas acerca de la vida de dos o tres personajes elegidos por la maestra. Pueden ser los mencionados en Hebreos 11 u otros; por ejemplo Sansón, Daniel, David, etc. Remarcar cuál fue el verdadero secreto de su fuerza y aplicarlo a la vida del niño.

Talleres

Proponer abrir los talleres de teatro, plástica y juegos.

1. Taller de teatro

Agrupar a los niños de manera que puedan elegir un personaje por grupo y dramatizar sus hazañas. Para ello deberán repasar, solos o con el maestro, el relato bíblico completo para luego armar las escenas que elijan. El maestro pondrá un tiempo límite para terminar el trabajo (1 o 2 clases). Se deberá tener listo un escenario o lugar donde cada grupo pueda actuar. Tratándose de teatro mudo la consigna será que los espectadores, una vez terminada la dramatización, descubran de qué relato se trata en cada caso. También se puede invitar a los papás a jugar con ellos.

2. Taller de plástica

La tarea será confeccionar el álbum de figuritas de los superhéroes de la Biblia. Para diseñar las figuritas se dividirán en grupos, eligiendo un personaje por grupo. Deberán repasar el relato bíblico correspondiente e ir anotando qué escenas son las más características para luego ilustrarlas. El resultado final deberá ser la historia completa en secuencias. Conviene hacer los dibujos en blanco y negro, armando planchas para poder fotocopiarlas para todos. Cada uno podrá luego colorear sus figuritas y pegarlas en el álbum. Sería más interesante aún que los niños se ganaran las figuritas. Para ello la maestra puede optar por entregárselas en cada clase como premio a:

- Memorización de un texto
- Responder a preguntas a modo de repaso
- Asistencia y puntualidad
- Trabajo en clase, etc.

La cantidad máxima de figuritas como premio para cada rubro pueden prefijarla los niños con la ayuda del maestro. Convendría premiar a los tres primeros niños que completen su álbum (el premio refuerza en los niños las conductas positivas).

 Los superhéroes de la Biblia

3. Taller de juegos

En este caso el taller puede abrirse o no, ya que podría fusionarse con el taller de plástica, dependiendo de la cantidad de niños y del tiempo asignado. En caso de abrirse, se puede organizar un circuito de juegos para participar individualmente o en parejas. De esta manera todos los niños habrán pasado por todos los juegos. Pueden armarse dos circuitos con dos niveles, o un circuito único para los más grandes y darle libertad a los más pequeños de participar en los juegos que ellos elijan, sin seguir un orden estipulado (ver modelos de juegos en el capítulo 4).

RED N° 5
FIESTA DE NAVIDAD

Objetivo: Alcanzar a la ciudad con el mensaje de Jesús a través de la celebración de la Navidad.

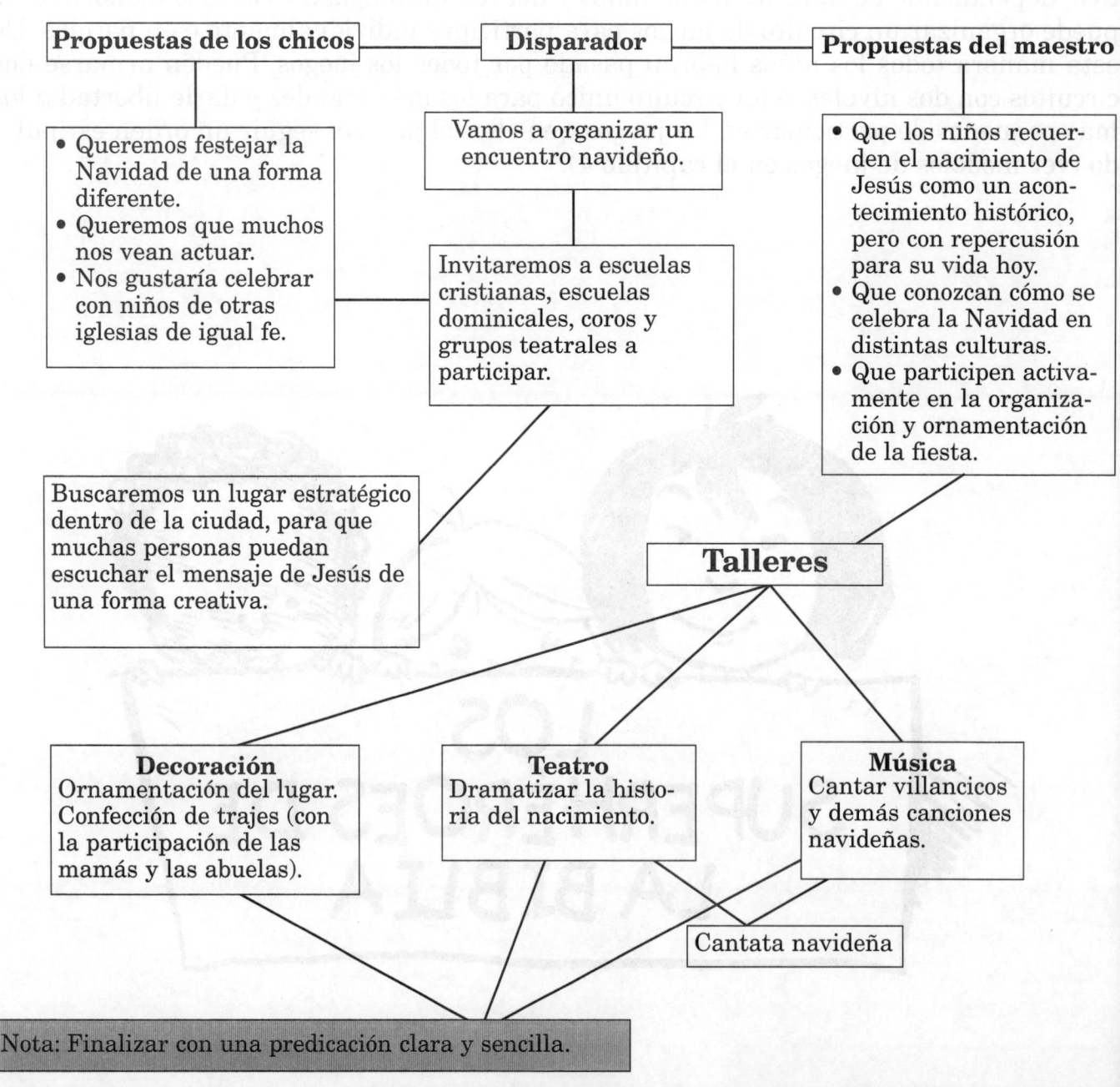

Propuestas de los chicos
- Queremos festejar la Navidad de una forma diferente.
- Queremos que muchos nos vean actuar.
- Nos gustaría celebrar con niños de otras iglesias de igual fe.

Disparador

Vamos a organizar un encuentro navideño.

Invitaremos a escuelas cristianas, escuelas dominicales, coros y grupos teatrales a participar.

Propuestas del maestro
- Que los niños recuerden el nacimiento de Jesús como un acontecimiento histórico, pero con repercusión para su vida hoy.
- Que conozcan cómo se celebra la Navidad en distintas culturas.
- Que participen activamente en la organización y ornamentación de la fiesta.

Buscaremos un lugar estratégico dentro de la ciudad, para que muchas personas puedan escuchar el mensaje de Jesús de una forma creativa.

Talleres

Decoración
Ornamentación del lugar. Confección de trajes (con la participación de las mamás y las abuelas).

Teatro
Dramatizar la historia del nacimiento.

Música
Cantar villancicos y demás canciones navideñas.

Cantata navideña

Nota: Finalizar con una predicación clara y sencilla.

Desarrollo de la Red N° 5:
FIESTA DE NAVIDAD

Desarrollo

- Planear con los niños las actividades. Designar encargados (adultos) que se ocupen de conseguir el lugar para la realización del evento, además del sonido, la iluminación, publicidad en distintos medios e invitación a otros organismos cristianos, explicándoles claramente el proyecto y guiándolos en su preparación a fin de llevar un orden y no ser reiterativos. Además, deberán programar ensayos con cada grupo que participe a fin de llevar un mejor control y poder mostrar ante la gente un testimonio impactante.

- Deberá organizarse también un grupo de consejeros espirituales para la predicación del evangelio, quienes anotarán los datos de las personas con inquietudes para luego darles el seguimiento adecuado.

Talleres

1. Taller de teatro
Dramatizarán la historia del nacimiento de Jesús, que se realizará en el escenario principal. También podrán desfilar niños representando a los distintos países del mundo, con los trajes típicos, con carteles, música y la voz de un relator que explique que "Jesús no vino para condenar al mundo, sino para que el mundo sea salvo por él" (Juan 3:17). Y que "a todos los que le recibieron, a los que creen en su nombre, les dio potestad de ser hechos hijos de Dios" (Juan 1:12).

2. Taller de música
Entonarán villancicos y otras canciones navideñas. Otra posibilidad es hacer una cantata, pero debe ser breve. La música deberá tener un lugar importante en el encuentro, al igual que la ornamentación, ya que será el motivo por el cual muchos se acercarán. Deberá hacerse con el nivel que requiere la circunstancia, pensando en darle a Dios lo mejor y, a su vez, en que es una forma de ser luz para la sociedad.

3. Taller de decoración
El encuentro apuntará a alcanzar la ciudad y deberá ser un espectáculo para toda la familia; por lo tanto la ornamentación será muy colorida y alegre. Podrán hacerse suelta de globos, espectáculo de fuegos artificiales (si el lugar lo permite) u otras propuestas que le den aun más atractivo al encuentro.

Presentación del programa

Cada grupo de participantes presentará su trabajo, para culminar la fiesta con el pesebre viviente y la entonación del himno "Noche de Paz". El cierre será una breve predicación, concisa y a la vez penetrante. Los consejeros deberán estar preparados y atentos para atender correctamente a los interesados en forma personal.

Capítulo 4

Modelos de juegos didácticos para los talleres

- Rompecabezas
- Correspondencias
- Caminar por las líneas
- Dominó del Arca de Noé
- Laberinto de preguntas

Rompecabezas

Objetivos:
- Conocer la geografía bíblica a través del juego.
- Familiarizarse con las diferentes regiones de Palestina en la actualidad.
- Fijar mediante ilustraciones las historias bíblicas enseñadas.

Preparación:
1. Fotocopiar las tres páginas siguientes, o usa otras ilustraciones que ayuden a lograr los objetivos.
2. Pegar los mapas o ilustraciones sobre un cartón
3. Recortar por las líneas negras.
4. Desparramar las piezas y luego... ¡a jugar!

Lista de rompecabezas:
- Israel en la actualidad.
- La creación.
- Moisés.

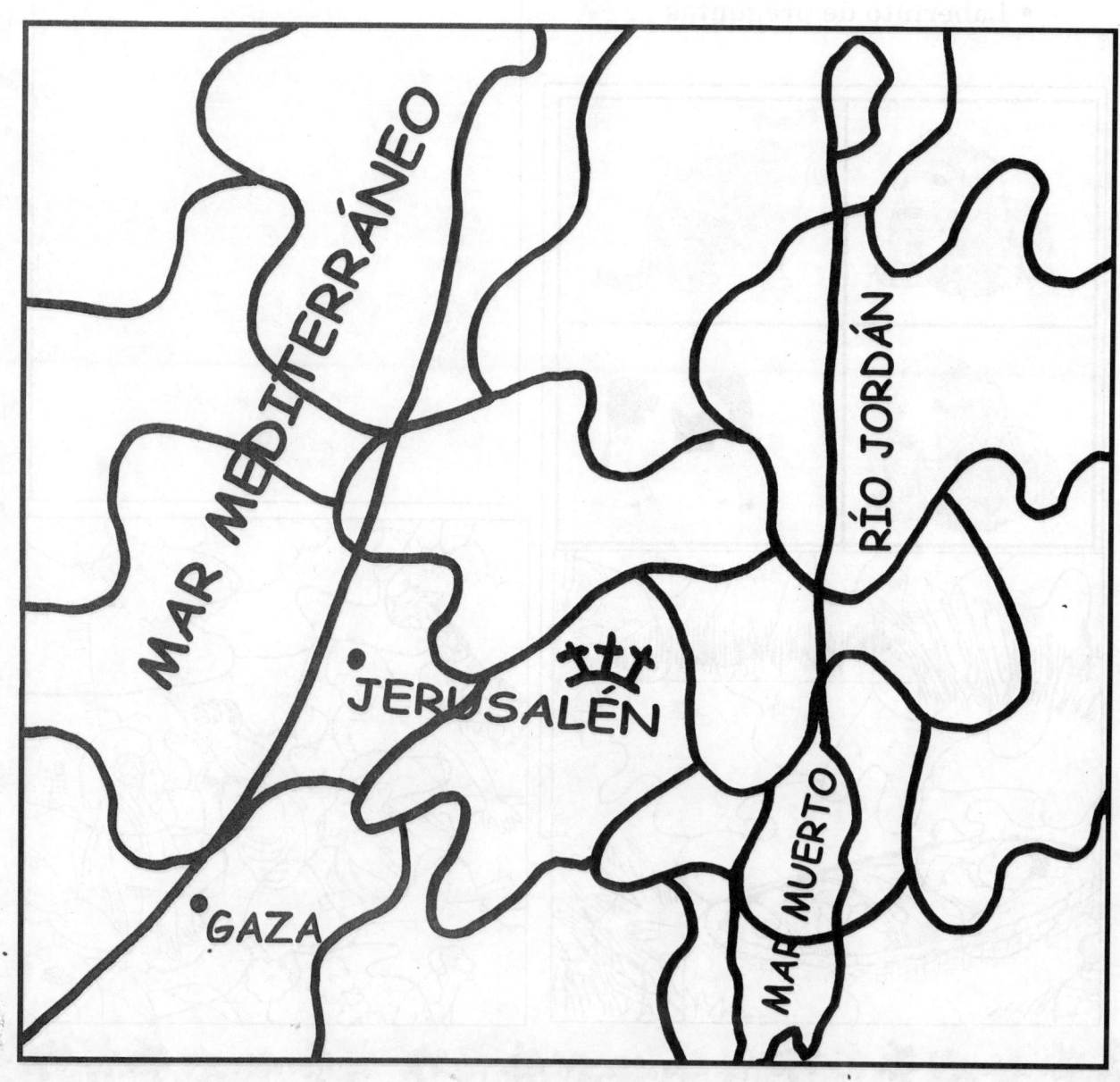

La creación

Moisés

Correspondencias

Objetivo:

Recordar citas bíblicas importantes para la vida del niño o del adolescente.

Preparación:

1. Fotocopiar la página siguiente. Si el grupo es numeroso, preparar varios juegos de fichas.
2. Las fichas deben ser recortadas y pegadas sobre madera o cartón duro.
3. El maestro se encuentra en libertad de realizar el juego con menos textos para facilitar el aprendizaje de los niños más pequeños.
4. También podrá elegir los pasajes más apropiados para la lección o el tema que se encuentren desarrollando.

Reglas del juego:

- Se colocarán todas las piezas con la cara hacia abajo.
- Los participantes irán jugando por turnos.
- Darán vuelta una pieza y luego otra, tratando de que el pasaje bíblico que posee la primera corresponda con la cita bíblica de la segunda; esto se realizará supervisado por un adulto o con ayuda de la Biblia.
- Si la correspondencia es correcta, el participante se llevará las dos piezas, de lo contrario las volverá a colocar en su lugar.
- Gana quien junte más pares de textos y citas bíblicas.

Porque de tal manera amó Dios al mundo, que ha dado a su Hijo unigénito, para que todo aquel que en él cree, no se pierda, mas tenga vida eterna.	**Juan 3:16**	Porque por gracia sois salvos por medio de la fe; y esto no de vosotros, pues es don de Dios.	**Efesios 2:8**	Dios es amor
Jehová es mi pastor; nada me faltará.	**Salmo 23:1**	¿Con qué limpiará el joven su camino? Con guardar tu palabra.	**Salmo 119:9**	**1 Juan 4:8**
Justificados, pues, por la fe, tenemos paz para con Dios por medio de nuestro Señor Jesucristo.	**Romanos 5:1**	Todo lo puedo en Cristo que me fortalece.	**Filipenses 4:13**	No os embriaguéis con vino, en lo cual hay disolución; antes bien sed llenos del Espíritu.
Yo he venido para que tengan vida, y para que la tengan en abundancia.	**Juan 10:10**	Jesús le dijo: Yo soy el camino, y la verdad, y la vida; nadie viene al Padre, sino por mí.	**Juan 14:6**	**Efesios 5:18**
Más bienaventurado es dar que recibir.	**Hechos 20:35**	Lámpara es a mis pies tu palabra, y lumbrera a mi camino.	**Salmos 119:105**	El principio de la sabiduría es el temor de Jehová; Los insensatos desprecian la sabiduría y la enseñanza.
He aquí, yo estoy a la puerta y llamo; si alguno oye mi voz y abre la puerta, entraré a él, y cenaré con él, y él conmigo.	**Apocalipsis 3:20**	Por cuanto todos pecaron, y están destituidos de la gloria de Dios.	**Romanos 3:23**	**Proverbios 1:7**

Caminar por las líneas

Objetivo:

Fijar algunos temas sencillos aprendidos del Nuevo Testamento.

Preparación:
1. Fotocopie el tablero de la página siguiente. Conviene hacer una ampliación.
2. Péguelo sobre un cartón duro.
3. Use un botón para ir moviéndose por las casillas.

Reglas del juego:
- Participa un niño o grupo a la vez.
- Se debe ir respondiendo cada pregunta con: SÍ o NO, siguiendo la flecha del SÍ o del NO.
- Gana quien llegue al final habiendo cometido menos errores.
- El juego debe ser supervisado por un adulto para orientar a los niños pequeños, que es a quienes va dirigido este juego.

Comienzo

SÍ → Jesús nació en Belén
NO → Jesús tenía hermanos
Jesús es el único camino a Dios

NO → La madre de Jesús se llamaba María
NO → Los leprosos que Jesús sanó volvieron contentos a agradecerle
SÍ → Zaqueo se subió al techo para ver a Jesús
NO → El joven rico vendió todo para seguir a Jesús — **SÍ**

NO — **SÍ** — **SÍ** — **NO** — **SÍ**

Jesús apartaba un rato para orar a Dios
Jesús se bautizó en el lago de Genesaret
En una fiesta Jesús convirtió el agua en sidra

SÍ — **SÍ** — **NO** — **SÍ** — **NO**

Perdiste; vuelve a empezar
Jesús nació en Belén
Mal camino
Pablo fabricaba carpas

NO — **SÍ** — **NO** — **NO** — **SÍ**

NO → Judas traicionó a Jesús — **SÍ** → Zaqueo se subió al techo para ver a Jesús — **NO** / **SÍ** → Por aquí no — **NO** → Jesús tenía hermanos

NO — **NO** — **SÍ** → Pedro era pescador — **SÍ** — **NO**

SÍ

Final

La madre de Jesús se llamaba María — **SÍ**

Jesús se bautizó en el lago de Genesaret — **NO**

Perdiste; vuelve a empezar — **NO**

38

Dominó del Arca de Noé

Consigna:
¿Te animas a ayudar a Noé a armar las parejitas de animales?

Preparación:
1. Fotocopie las fichas de las páginas siguientes.
2. Las fichas deben ser recortadas y pegadas sobre madera o cartón duro.

Reglas del juego:
- Este juego es el clásico dominó, pero con animalitos.
- Se repartirán tres o más fichas a cada jugador. El resto de las fichas se dejará aparte en lo que es "el pozo".
- El jugador que comienza colocará una ficha en la mesa.
- Por turno, cada uno irá colocando una ficha que contenga un animalito semejante a los que están en los extremos de las hileras de fichas que se vayan formando.
- Si el jugador no tiene una coincidencia, deberá sacar una ficha del "pozo" hasta lograr una que pueda usar.
- Gana quien logre colocar todas las fichas primero.

RECORTAR CON CUIDADO

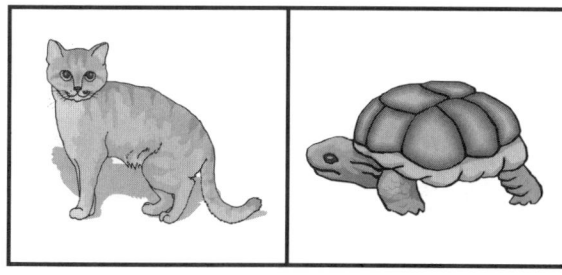  

RECORTAR CON CUIDADO

RECORTAR CON CUIDADO

RECORTAR CON CUIDADO

Laberinto de preguntas

Objetivos:
- Familiarizarse con las historias del Antiguo Testamento.
- Conocer a los personajes del Nuevo Testamento.
- Ubicar lugares geográficos mencionados en la Biblia.
- Hacer del aprendizaje una diversión.

Preparación:
1. Fotocopie las tres páginas siguientes.
2. Únalas de manera que la que tiene la casilla "Comienzo del juego" quede arriba, y la que tiene la casilla "Llegada" quede al pie.
3. Pegue el tablero sobre un cartón duro.
4. Usen botones para ir moviéndose por las casillas.

Reglas del juego:
- Participarán en este juego hasta cuatro niños o grupos de niños. Se utilizará un dado.
- Cada grupo tirará el dado para avanzar, respetando su turno.
- Una vez que el participante se haya colocado en la casilla correspondiente volverá a tirar el dado dos veces seguidas, pero ahora para ver el número de pregunta que debe responder de acuerdo con el tema.

Por ejemplo:
- Tira el dado y sale el 3: avanza tres lugares.
- Luego tira dos veces el dado y salen el 2 y el 5: debe responder la pregunta 2.5 del tema correspondiente.
- Algún participante de otro grupo, o algún adulto, leerá la pregunta correspondiente con las posibles respuestas (la correcta se encuentra subrayada).
- Si la pregunta es bien respondida, el niño (o grupo) avanza tres lugares y espera su turno.
- Si la pregunta es mal respondida, el participante quedará en el mismo sitio sin avanzar, esperando su turno.
- Cuando un participante (o grupo) llegue al final de la carrera habrá ganado el juego y será premiado por su conocimiento.
- El resto de los participantes podrán seguir jugando hasta que todos terminen, o suspender el juego cuando alguien gane.

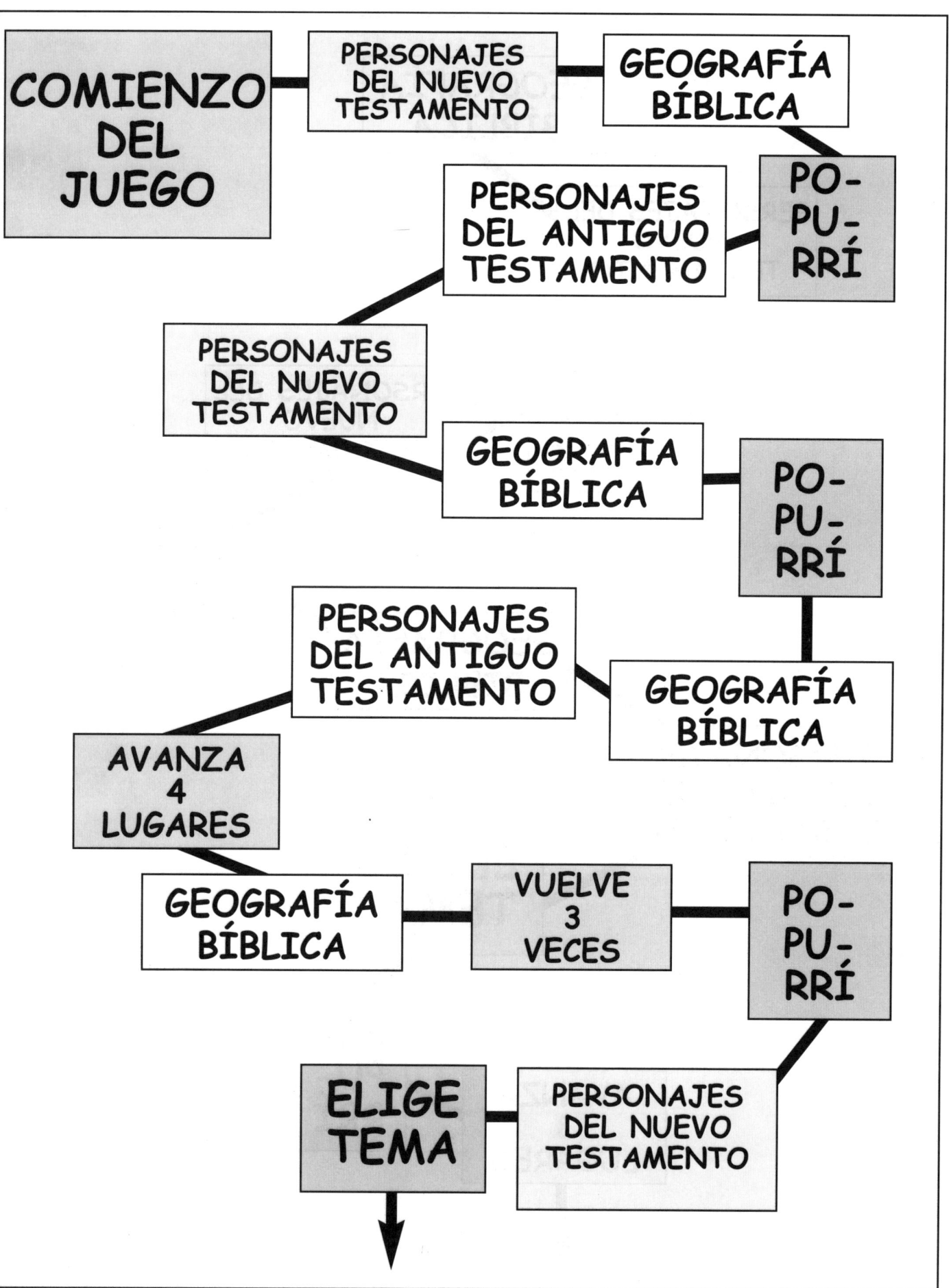

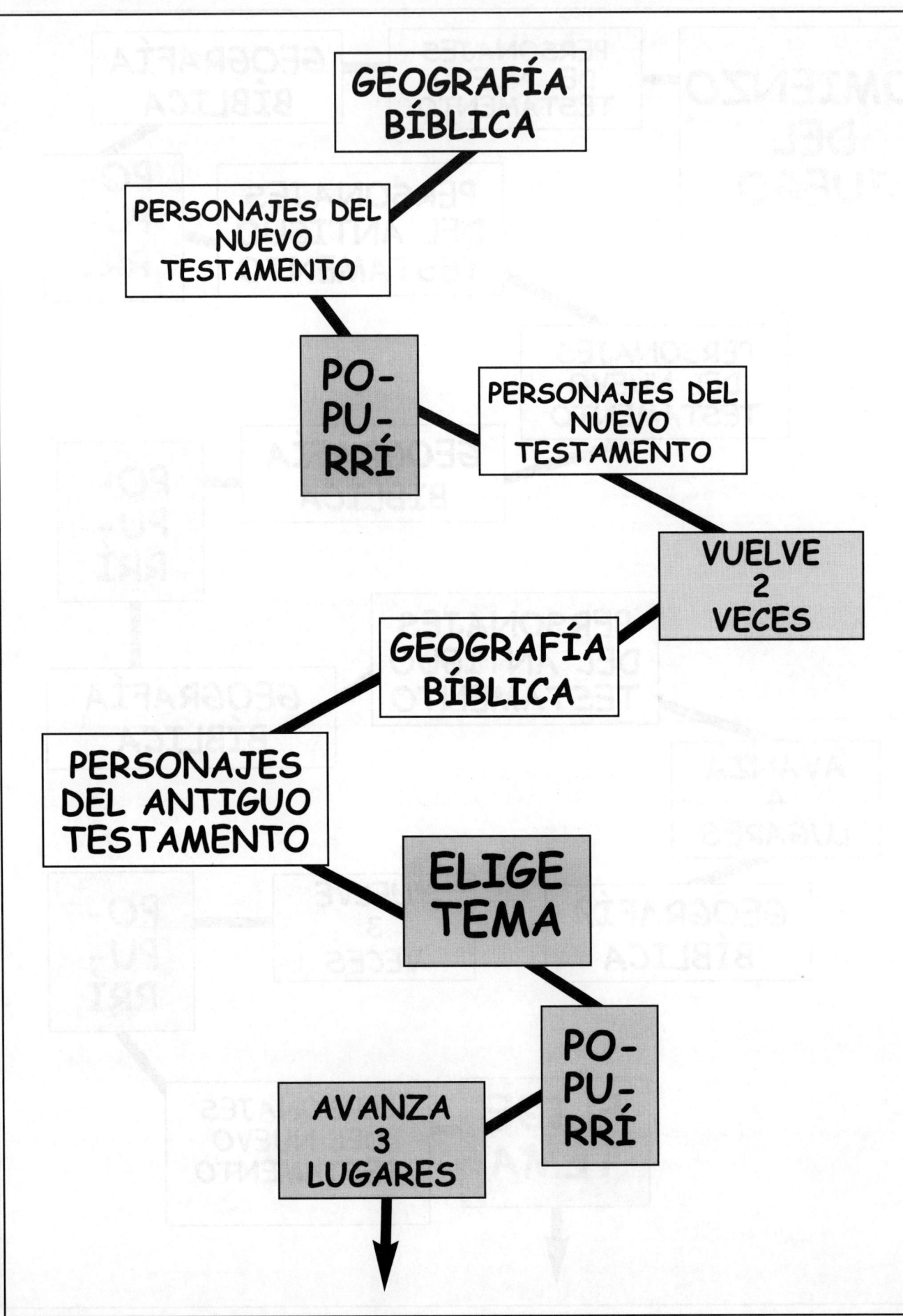

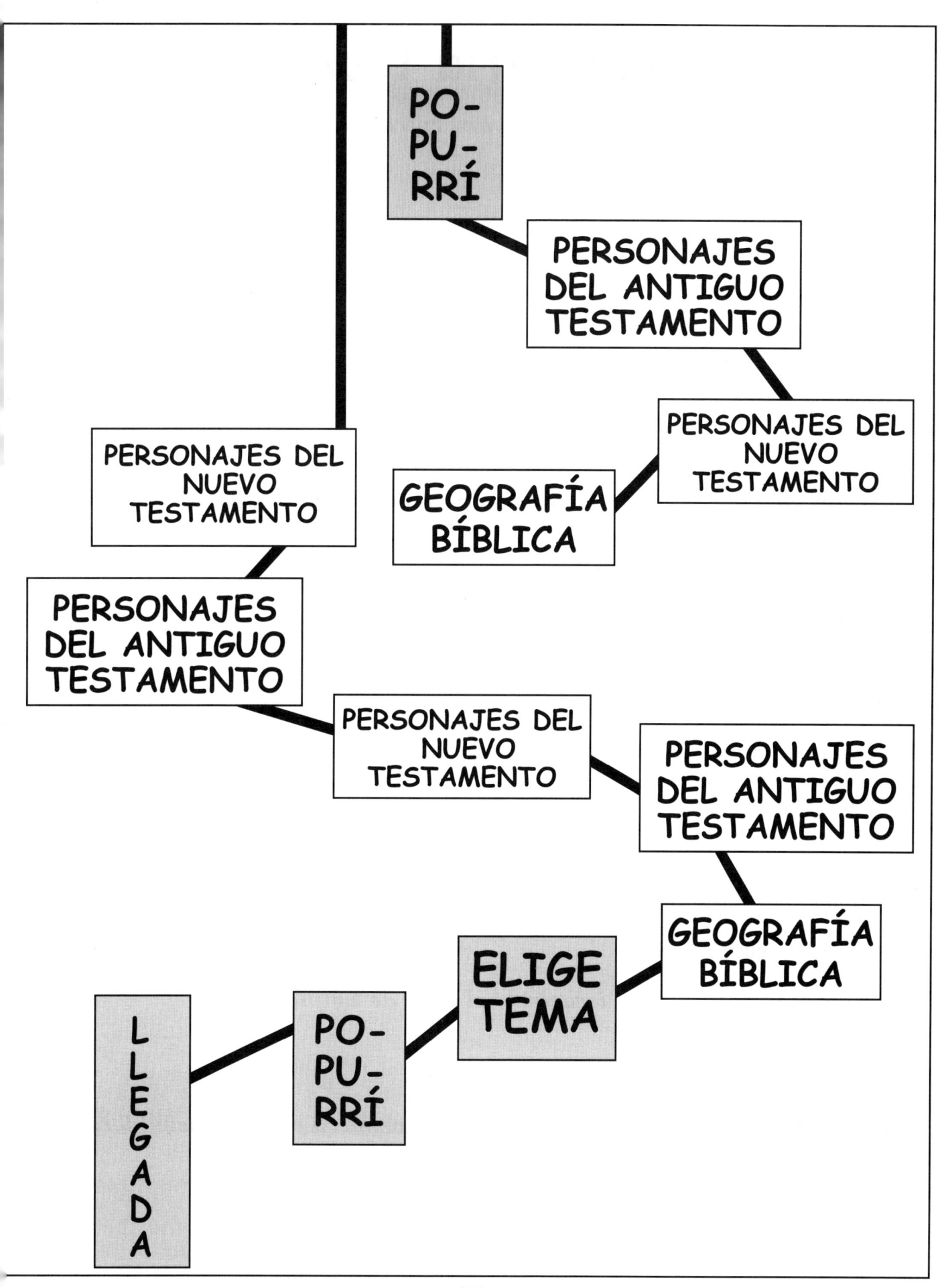

Geografía bíblica

1.1 ¿Qué río cruzaron los israelitas para entrar en la Tierra Prometida?
- Éufrates
- Jordán (Josué 3:17)
- Nilo

1.2 ¿En qué río bautizaba Juan el Bautista?
- Tigris
- Éufrates
- Jordán (Marcos 1:5)

1.3 ¿Los muros de qué ciudad cayeron al sonido de las trompetas?
- Jericó (Josué 6:1, 20)
- Jerusalén
- Babilonia

1.4 ¿Camino a qué ciudad se convirtió Saulo de Tarso?
- Jerusalén
- Damasco (Hechos 9)
- Filipos

1.5 ¿En qué monte recibió Moisés el llamado de Dios?
- Monte de los Olivos
- Monte Horeb (Éxodo 3:1)
- Monte Carmelo

1.6 ¿En qué monte recibió Moisés las tablas del testimonio?
- Sinaí (Éxodo 31:18)
- Ararat
- Carmelo

2.1 ¿De qué lugar era oriundo Abram?
- Judá
- Egipto
- Ur (Génesis 11:27-31)

2.2 ¿Qué mar cruzaron los israelitas al salir de Egipto?
- Mar de Genesaret
- Mar Muerto
- Mar Rojo (Éxodo 14)

2.3 ¿En qué ciudad llamaron cristianos por primera vez a los seguidores de Jesús?
- Filipos
- Antioquía (Hechos 11:26)
- Jerusalén

2.4 ¿A qué isla llegó Pablo luego del naufragio?
- <u>Malta</u> (Hechos 28:1)
- Chipre
- Creta

2.5 ¿En qué mar estaban pescando Simón y Andrés cuando Jesús los llamó para el ministerio?
- Mar Rojo
- <u>Mar de Galilea</u> (Marcos 1:16)
- Mar Grande

2.6 ¿En qué monte se reunía Jesús con sus discípulos?
- Monte Horeb
- <u>Monte de los Olivos</u> (Lucas 22:39)
- Monte Carmelo

3.1 ¿En qué lugar el pueblo de Israel recibió el maná por primera vez?
- Desierto de Parán
- Desierto de Madián
- <u>Desierto de Sin</u> (Éxodo 16:1)

3.2 ¿Dónde pudo Israel tomar agua de la roca por primera vez?
- <u>En Horeb</u> (Éxodo 17:6)
- En Elim
- En Mara

3.3 ¿A dónde fueron José y María para esconder a Jesús del rey Herodes?
- Nazaret
- <u>Egipto</u> (Mateo 2:13)
- Samaria

3.4 ¿Qué ciudades fueron destruidas con fuego y azufre por su pecado?
- Jericó y Jerusalén
- Tiro y Sidón
- <u>Sodoma y Gomorra</u> (Génesis 19:24)

3.5 ¿En qué se transformó la mujer de Lot por mirar hacia atrás?
- En culebra
- <u>En estatua de sal</u> (Génesis 9:26)
- En estatua de mármol

3.6 ¿De dónde era originario Pedro?
- <u>Betsaida</u> (Juan 1:44)
- Capernaum
- Nazaret

4.1 ¿Sobre qué monte se posó el arca de Noé luego del diluvio?
- Sinaí
- <u>Ararat</u> (Génesis 8:4)
- Carmelo

4.2 ¿A qué ciudad mandó Dios a Jonás a predicar?
- Nínive (Jonás 1:2)
- Tarsis
- Jope

4.3 ¿Dónde vivía Eliseo?
- Jericó
- Samaria (2 Reyes 5:3-9)
- Siria

4.4 ¿Dónde vivían Marta, María y Lázaro?
- Jerusalén
- Belén
- Betania (Juan 11:1)

4.5 ¿Qué región se encuentra más al norte: Judea, Samaria o Galilea?
- Galilea
- Samaria
- Judea

4.6 ¿De dónde era el carcelero que intentó suicidarse?
- Roma
- Babilonia
- Filipos (Hechos 16:10-27)

5.1 ¿En qué lugar se conocieron Moisés y Séfora?
- Egipto
- Madián (Éxodo 2:15-21)
- Ur

5.2 ¿En qué lugar se celebraban las bodas donde Jesús transformó el agua en vino?
- Jerusalén
- Caná de Galilea (Juan 2:1)
- Capermaum

5.3 ¿En qué lugar ocurrieron los relatos de Daniel y sus compañeros?
- Babilonia (Daniel 1)
- Egipto
- Roma

5.4 ¿En qué monte se encontró Elías con los profetas de Baal?
- Monte Carmelo (1 Reyes 18:19, 20)
- Monte de los Olivos
- Monte Ararat

5.5 ¿En qué lugar realizó Jesús muchos milagros?
- Genesaret (Marcos 6:53-56)
- Nazaret
- Samaria

5.6 ¿Qué ciudad tenía altares para distintos dioses, y uno de ellos decía: "al dios no conocido"?
- Roma
- Filipos
- <u>Atenas</u> (Hechos 17:16-23)

6.1 ¿Cuál fue el primer lugar donde predicaron Bernabé y Saulo en su primer viaje misionero?
- Tarso
- <u>Chipre</u> (Hechos 13:4)
- Damasco

6.2 ¿En qué lugar fue bajado Saulo por un muro adentro de una canasta?
- Antioquía
- Jerusalén
- <u>Damasco</u> (Hechos 9:19-25)

6.3 ¿En qué isla fue atacado Pablo por una víbora y no se enfermó?
- <u>Malta</u> (Hechos 28:1-5)
- Chipre
- Creta

6.4 ¿En qué estanque sanó Jesús a un paralítico?
- <u>Betesda</u> (Juan 5:2-4)
- Siloé

6.5 ¿Dónde nació Moisés?
- Canaán
- <u>Egipto</u> (Éxodo 2)
- Babilonia

6.6 ¿Cómo se llamaba la Tierra Prometida?
- <u>Canaán</u> (Josué 14:1)
- Jerusalén
- Judea

Personajes del Antiguo Testamento

1.1 ¿A qué se dedicaba Abel?
- Era agricultor
- <u>Era pastor de ovejas</u> (Génesis 4:2)
- Era pescador

1.2 ¿Cuántos años tenía Noé cuando vino el diluvio?
- 90
- 100
- <u>600</u> (Génesis 7:6)

1.3 ¿Cómo se llamaba el sobrino de Abraham?
- <u>Lot</u> (Génesis 14:12)
- Isaac
- Jacob

1.4 ¿Cómo se llamaba el hijo de Abraham y Sara?
- Rubén
- <u>Isaac</u> (Génesis 21:3)
- Esaú

1.5 ¿Qué eran entre sí Jacob y Esaú?
- Primos
- Padre e hijo
- <u>Gemelos</u> (Génesis 25:24)

1.6 ¿A cambio de qué obtuvo Jacob la primogenitura?
- 10 talentos
- <u>Un plato de guiso</u> (Génesis 25:30-32)
- 1.000 ovejas

2.1 ¿Qué significa el nombre "Moisés"?
- <u>Sacado de las aguas</u> (Éxodo 2:10)
- Risa
- Padre de multitudes

2.2 ¿Cómo se llamaba el suegro de Moisés?
- Madián
- Caleb
- <u>Jetro</u> (Éxodo 3:1)

2.3 ¿Qué planta vio Moisés que ardía y no se consumía?
- Una calabacera
- <u>Una zarza</u> (Éxodo 3:2)
- Una vid

2.4 La última plaga de Egipto fue la muerte de los primogénitos. ¿Qué señal debían poner los israelitas para estar a salvo?
- <u>Pintar con sangre el dintel y los postes de la puerta de la casa</u> (Éxodo 12:22)
- Construir un altar
- Celebrar la Pascua

2.5 ¿Qué hizo Moisés para endulzar el agua de Mara?
- Golpeó una roca
- <u>Echó un árbol en el agua</u> (Éxodo 15:25)
- Alzó su vara

2.6 ¿Qué le pasó a María, la hermana de Moisés, por criticarlo?
- Se convirtió en estatua de sal
- No pudo entrar a la Tierra Prometida
- <u>Quedó leprosa</u> (Números 12:10)

3.1 ¿Quién conversó con un asno?
- Sansón
- <u>Balaam</u> (Números 22:28-30)
- David

3.2 ¿Quién fue el sucesor de Moisés?
- Aarón
- José
- <u>Josué</u> (Números 27:22, 23)

3.3 ¿Quién mató a mil filisteos con una quijada de asno?
- <u>Sansón</u> (Jueces 15:16)
- David
- Goliat

3.4 ¿Cuál era el secreto de la fuerza de Sansón?
- Que no tomaba vino
- <u>Que no se cortaba el pelo</u> (Jueces 16:17)
- Que se alimentaba de langostas y miel silvestre

3.5 ¿Cómo se llamaba el hijo de Ana y Elcana?
- Ismael
- David
- <u>Samuel</u> (1 Samuel 1:20)

3.6 ¿Cómo se llamaba el primo de Ester?
- <u>Mardoqueo</u> (Ester 2:7)
- Samuel
- Josué

4.1 ¿A qué profeta Dios le habló en la casa de un alfarero?
- Isaías
- <u>Jeremías</u> (Jeremías 18:1, 2)
- Daniel

4.2 ¿Qué nombre le pusieron a Daniel en Babilonia?
- <u>Beltsasar</u> (Daniel 1:7)
- Misael
- Azarías

4.3 ¿Qué rey hizo una estatua de oro a la que Sadrac, Mesac y Abed-nego no quisieron adorar?
- Saúl
- Joacim
- <u>Nabucodonosor</u> (Daniel 3:16-18)

4.4 ¿Qué propuso Daniel en su corazón cuando estaba en Babilonia?
- Obedecer al rey
- Ser el mejor
- <u>No contaminarse</u> (Daniel 1:8)

4.5 ¿Cómo se llamaba el hijo de David y Betsabé?
- Absalón
- Saúl
- Salomón (2 Samuel 12:24)

4.6 ¿Qué le pidió Salomón a Dios?
- Riquezas
- Fama
- Sabiduría (1 Reyes 3:5-9)

5.1 ¿Cuánto tiempo tardó Salomón en edificar el templo?
- 1 año
- 7 años (1 Reyes 6:38)
- 10 años

5.2 ¿Cómo se llamaba el amigo de David?
- Saúl
- Mefi-boset
- Jonatán (1 Samuel 18:1)

5.3 ¿A qué rey sirvió Nehemías como copero?
- Ciro
- Artajerjes (Nehemías 2:1)
- Nabucodonosor

5.4 ¿Qué tarea importante realizó Nehemías en Jerusalén?
- Construcción del templo
- Construcción de diques
- Reconstrucción del muro (Nehemías 2:17)

5.5 ¿Qué reina fue a visitar a Salomón al oír de su fama?
- La reina de Sabá (1 Reyes 10:1)
- Vasti
- Betsabé

5.6 ¿Quién fue vendido por sus hermanos?
- Jacob
- José (Génesis 37:28)
- Moisés

6.1 ¿Cómo se llamaba el hermano menor de José?
- Rubén
- Leví
- Benjamín (Génesis 35:18)

6.2 ¿Qué sueño del faraón pudo interpretar José?
- Las siete vacas (Génesis 41:26, 27)
- Las diez plagas
- La zarza ardiente

6.3 ¿Qué cargo llegó a ocupar José en Egipto?
- Emperador
- Presidente
- Gobernador (Génesis 41:39-43)

6.4 ¿Quién oró y el sol se detuvo y la luna se paró?
- Elías
- Eliseo
- Josué (Josué 10:13)

6.5 ¿Qué debió hacer Naamán para ser sanado de su lepra?
- Orar
- Hacer una larga caminata
- Lavarse siete veces en el Jordán (2 Reyes 5:10)

6.6 En la guerra contra los sirios, ¿qué cosas no podía ver el siervo de Eliseo?
- Los enemigos
- Los escudos y las lanzas
- Los carros de fuego (2 Reyes 6:17)

Personajes del Nuevo Testamento

1.1 ¿A quién le dijo Jesús "Os es necesario nacer de nuevo"?
- Nicodemo (Juan 3:7)
- Natanael
- La mujer samaritana

1.2 ¿Quién tuvo su encuentro con Jesús en el pozo de Jacob mientras iba en busca de agua?
- María Magdalena
- La mujer samaritana (Juan 4:6, 7)
- La viuda de Sarepta

1.3 ¿Quién fue la primera persona que vio a Jesús resucitado?
- Pedro
- Juan
- María Magdalena (Marcos 16:9)

1.4 ¿Cómo se llamaba el discípulo que tuvo que ver para creer que Jesús había resucitado?
- Tomás (Juan 20:24-29)
- Felipe
- Jacobo

1.5 ¿A quién le preguntó Jesús tres veces si lo amaba?
- Juan
- Pedro (Juan 21:15-17)
- Andrés

1.6 ¿Quién traicionó a Jesús y luego se ahorcó?
- <u>Judas</u> (Mateo 27:3-5)
- Natanael
- Bernabé

2.1 ¿Quién bautizó a Jesús?
- Saulo de Tarso
- <u>Juan el Bautista</u> (Marcos 1:9)
- Pedro

2.2 ¿En qué ciudad fue encomendado Pablo a la obra misionera?
- Damasco
- <u>Antioquía</u> (Hechos 13:1-3)
- Jerusalén

2.3 ¿Quién se acercó a Pablo para que recobrara la vista?
- Bernabé
- <u>Ananías</u> (Hechos 22:12)
- Aquila

2.4 ¿A los pies de quién pusieron las ropas de Esteban cuando fue apedreado?
- <u>Saulo</u> (Hechos 7:58)
- Pedro
- Bernabé

2.5 ¿Qué mujer de Jope fue resucitada a través de Pedro?
- María Magdalena
- La samaritana
- <u>Dorcas</u> (Hechos 9:36-41)

2.6 ¿Quién libró a Pedro de la cárcel?
- <u>Un ángel</u> (Hechos 12:7)
- El Espíritu Santo
- Un terremoto

3.1 ¿Con quién comenzó Pablo su primer viaje misionero?
- Silas
- Timoteo
- <u>Bernabé</u> (Hechos 13:2)

3.2 ¿Con quién comenzó Pablo su segundo viaje misionero?
- <u>Silas</u> (Hechos 15:40)
- Bernabé
- Juan Marcos

3.3 ¿Quién era hijo de mujer judía y de padre griego?
- <u>Timoteo</u> (Hechos 16:1)
- Juan Marcos
- Bernabé

3.4 ¿Qué fariseo famoso había sido el maestro de Saulo?
- Cornelio
- El centurión
- Gamaliel (Hechos 22:3)

3.5 ¿Quién preguntó a Jesús si de Nazaret podía salir algo de bueno?
- Tomás
- Pedro
- Natanael (Juan 1:46)

3.6 Cuando Jesús visitó a Marta y María, ¿cuál de las dos se sentó a escucharlo?
- María (Lucas 10:38-42)
- Marta

4.1 ¿Quién se subió a un árbol para ver a Jesús?
- Una mujer
- El niño de los panes y los peces
- Zaqueo (Lucas 19:2-4)

4.2 ¿Quién negó tres veces a Jesús?
- Pedro (Lucas 22:61, 62)
- Judas
- Tomás

4.3 ¿Quién era el discípulo amado?
- Pedro
- Jacobo
- Juan (Juan 21:20)

4.4 ¿Quién dio un discurso el día de Pentecostés?
- Esteban
- Pedro (Hechos 2:14)
- Juan

4.5 ¿Quiénes ofrendaron con engaño y fueron muertos?
- Anás y Caifás
- Ananías y Safira (Hechos 5)
- Priscila y Aquila

4.6 ¿Quién bautizó al etíope?
- Juan el Bautista
- Felipe (Hechos 8:38)
- Pablo

5.1 ¿La ofrenda de quién vio Jesús con agrado?
- De la viuda (Marcos 12:41-44)
- Del joven rico
- De un enfermo

5.2 ¿Qué hizo el joven rico cuando Jesús le dijo que tenía que vender todo y darlo a los pobres?
- Le obedeció
- Se ahorcó
- Se entristeció (Lucas 18:23)

5.3 En la parábola del hijo pródigo, ¿quién se enojó?
- El padre
- Los jornaleros
- El hijo mayor (Lucas 15:25-28)

5.4 ¿Con qué animal se comparó Jesús para mostrar su deseo de cuidar de Jerusalén?
- La gallina (Lucas 13:34)
- El cordero
- El león

5.5 ¿Quién plantó y Apolos regó?
- Pedro
- Pablo (1 Corintios 3:6)
- Timoteo

5.6 ¿A la suegra de quién sanó Jesús?
- Del centurión
- De Pablo
- De Pedro (Mateo 8:14)

6.1 ¿Qué oficio tenía Pablo?
- Pescador
- Fabricaba tiendas (Hechos 18:3)
- Cobrador de impuestos

6.2 ¿Cuál de los discípulos era médico?
- Jacobo
- Juan
- Lucas (Colosenses 4:14)

6.3 ¿Qué discípulo escribió el Apocalipsis?
- Pedro
- Juan (Apocalipsis 1:1)
- Andrés

6.4 ¿Quién escribió la mayor cantidad de cartas apostólicas?
- Pablo
- Juan
- Pedro

6.5 ¿Quién ungió los pies de Jesús con perfume de nardo puro?
- María (Juan 12:3)
- Marta
- Susana

6.6 ¿Cómo murió Juan el Bautista?
- Apedreado
- <u>Decapitado</u> (Mateo 14:10)
- Ahorcado

Popurrí

1.1 ¿A qué clase de árbol se subió Zaqueo para ver a Jesús?
- <u>Sicómoro</u> (Lucas 19:4)
- Olivo
- Sauce

1.2 ¿Montado en qué animal hizo Jesús su entrada triunfal en Jerusalén?
- Un caballo
- <u>Un pollino</u> (Lucas 19:30)
- Un camello

1.3 ¿Qué diosa tenían los efesios?
- Astoret
- Istar
- <u>Diana</u> (Hechos 19:35)

1.4 ¿Qué hacían Pablo y Silas en la cárcel de Filipos?
- <u>Oraban y cantaban</u> (Hechos 16:25)
- Lloraban
- Tenían miedo

1.5 ¿Qué presentes trajeron a Jesús los magos de oriente?
- <u>Oro, incienso y mirra</u> (Mateo 2:11)
- Coronas
- Palmas

1.6 ¿Cómo se llamaban los hijos de Noé?
- Sadrac, Mesac y Abed-Nego
- Rubén, Leví y Benjamín
- <u>Sem, Cam y Jafet</u> (Génesis 7:13)

2.1 ¿Cuántos libros forman el Antiguo Testamento?
- 38
- <u>39</u>
- 27

2.2 ¿Cuántos libros forman el Nuevo Testamento?
- <u>27</u>
- 28
- 39

2.3 ¿Quién escribió el Pentateuco?
- <u>Moisés</u>
- Aarón
- Noé

2.4 ¿Cuál fue la última plaga que Dios mandó a Egipto?
- Piojos
- Langostas
- <u>Muerte de los primogénitos</u> (Éxodo 11)

2.5 ¿Qué madera se usó para construir el Arca de Noé?
- Cedro
- <u>Gofer</u> (Génesis 6:14)
- Roble

2.6 ¿Qué señal del pacto de Dios con Noé aparece aun en nuestros días?
- <u>El arco iris</u> (Génesis 9:12-15)
- Las nubes
- El viento

3.1 ¿Quién tenía tanta fuerza que derribó con sus brazos las columnas de un edificio?
- Goliat
- Pablo
- <u>Sansón</u> (Jueces 16:29, 30)

3.2 ¿Cuántos hombres tenía el ejército de Gedeón que derrotó a los madianitas?
- <u>300</u> (Jueces 7:7)
- 500
- 600

3.3 ¿Quién fue el primer rey de Israel?
- David
- Samuel
- <u>Saúl</u> (1 Samuel 9)

3.4 ¿Qué rey comenzó a gobernar a los 8 años?
- Salomón
- Herodes
- <u>Josías</u> (2 Crónicas 34:1)

3.5 ¿Cuál fue el hallazgo más importante durante el reinado de Josías?
- El arca del pacto
- <u>El libro de la ley</u> (2 Crónicas 34:14)
- Los 10 mandamientos

3.6 ¿De qué se alimentaba Juan el Bautista?
- De leche y miel
- De cordero
- <u>De langostas y miel silvestre</u> (Mateo 3:4)

60

4.1 ¿Qué herramienta pesada hizo flotar Eliseo?
- Un hacha (2 Reyes 6:6)
- Un martillo
- Un serrucho

4.2 ¿De qué enfermedad fue sanado Naamán bañándose en el río Jordán?
- Parálisis
- Lepra (2 Reyes 5:1-19)
- Fiebre

4.3 ¿Cómo se llamaba el viento que hizo naufragar la nave en la que viajaba Pablo?
- Solano
- Sur
- Euroclidón (Hechos 27:14)

4.4 ¿Qué planta hizo Dios que creciera para darle sombra a Jonás?
- Higuera
- Calabacera (Jonás 4:6)
- Vid

4.5 ¿Qué animal es presentado como ejemplo a los perezosos?
- Vaca
- Oveja
- Hormiga (Proverbios 6:6)

4.6 ¿Qué animal es considerado sabio por poner su casa en la roca?
- Conejo (Proverbios 30:26)
- Serpiente
- Araña

5.1 ¿En qué lugar celebró Jesús la última cena?
- En casa de Marta y María
- En el Monte de los Olivos
- En el aposento alto (Marcos 14:14)

5.2 ¿Quién es la persona mencionada en la Biblia que más años vivió?
- Noé
- Matusalén (Génesis 5:27)
- Moisés

5.3 ¿Cuál es el versículo más corto de la Biblia?
- Juan 11:35 (Jesús lloró)
- Juan 3:16
- Salmo 33:1

5.4 ¿Cuántos días estuvo muerto Lázaro?
- 3
- 1
- 4 (Juan 11:39)

5.5 ¿Qué animal se nombra cuando Pedro negó a Jesús?
- Gallo (Juan 18:27)
- Pollino
- Gallina

5.6 De los diez leprosos que fueron sanados, ¿cuántos volvieron para agradecerle a Jesús?
- 2
- 1 (Lucas 17:15)
- Ninguno

6.1 Cuando Jesús caminó sobre el mar, ¿qué creyeron ver los discípulos?
- Un fantasma (Marcos 6:49)
- Un barco
- Un ángel

6.2 ¿Quién escribió el Salmo 23?
- David
- Salomón
- Asaf

6.3 ¿Qué armas usó David para matar a Goliat?
- Lanza
- Honda y piedra (1 Samuel 17:50)
- Cuchillo

6.4 ¿Cuál es el libro de la Biblia que más capítulos tiene?
- Isaías
- Ezequiel
- Salmos

6.5 ¿Con qué planta frutal se compara Jesús en Juan 15?
- Higuera
- Vid
- Manzano

6.6 ¿A cuál versículo de la Biblia se le llama "el evangelio en miniatura"?
- Juan 10:10
- Hechos 4:12
- Juan 3:16

Carta a una maestra

Querida maestra:

Quiero concluir este libro recordando mi infancia, esa etapa maravillosa de la vida donde la realidad se mezclaba con la fantasía, el llanto y la risa podían expresarse sin reservas, los temores eran gigantes que mamá y papá me ayudaban a vencer; todo era un juego en el cual yo era la protagonista y mis seres queridos allí estaban, rodeándome de amor, ayudándome a descubrir la vida.

Entre aquellas personas que recuerdo estás tú, mi maestra. Te recuerdo hablándome de Jesús, contándome acerca de su vida, diciéndome que él podía dejar mi corazoncito bien blanco, bien limpio; e invitándome a que lo recibiera en mi vida, de donde nunca más se iría.

Me parece estar viendo aún las láminas que traías en tu bolso lleno de sorpresas, los textos que debíamos aprender, las moneditas que juntábamos cada domingo para enviar a los misioneros, las fiestas de Navidad... ¡tantos recuerdos!

Tú hiciste tu parte. Me ayudaste a conocer a Jesús, me instruiste en su palabra, plantaste en mí la semilla de un cristiano auténtico, capaz de amar al Señor sobre todas las cosas.

Puedo decirte que "tu trabajo en el Señor no ha sido en vano". La palabra sembrada en mi niñez ha cobrado vida y, ahora que puedo entenderla un poco más, ha sido, es y será guía y sostén para mi vida. Lo que tú me supiste transmitir, hoy me toca a mí comunicárselo a otros: a mis hijos y a todos los que me rodean.

Hoy yo solo puedo agradecerte, pero el Señor es quien te dará la recompensa. "Cualquiera que dé a uno de estos pequeñitos un vaso de agua fría solamente, por cuanto es discípulo, de cierto os digo que jamás perderá su recompensa" Mateo 10:42.

Con amor, a mi maestra de Escuela Dominical,

Nancy